2

Hermila Villaseñor Ramos

AUTORIZACIÓN DE PUBLICACIÓN

ISBN: 9781095989104

Nunca imaginé poder tener la oportunidad de escribir un libro sobre mi vida, en donde plasmara en él todo lo que he vivido a lo largo de estos años de vida que Dios nuestro Señor me ha regalado hasta este momento.

Yo soy Hermila Villaseñor Ramos, nací en Atenguillo, Jalisco y quiero poner en sus manos mi historia que para unos quizá será poco interesante, pero para otros tendré la oportunidad de estar presente cada vez que lo abran, lean y recuerden algunas de mis historias y relatos.

He decidido escribir este pequeño y humilde libro (o quizá sea más preciso llamarle anecdotario) para en él poder narrar toda mi vida, lo grandiosa que ha sido.

El estar recordando los pasajes más importantes de mi vida me ha servido también para al cerrar cada página agradecer a Dios nuestro señor y a la Santísima Virgen María por todo lo que me han dado, agradecerle a Dios por mis padres, por mi esposo, por mis hijos, por mis nietos, por mis amigos, por mi pueblo, por mi camino recorrido.

Este es un libro que espero lleguen a disfrutar mis hijos, mis nietos, los hijos de mis nietos y los hijos de los hijos de mis nietos.

Es un libro muy personal ya que en el pongo todo mi cariño y sobre todo mis sentimientos.

Para iniciar este relato, quiero decir que la vida que vivimos nos la ha dado el padre, el padre a quien todo le debo, a quien le agradezco de manera infinita me haya dado la oportunidad de disfrutar, de reír, de llorar, de gozar, de sufrir, en pocas palabras, de vivir.

Yo soy Hermila Villaseñor Ramos y esta es mi historia, esta es mi vida.

Nací en la maravillosa población de Atenguillo en el estado de Jalisco.

Una población que gracias a Dios sigue conservando su historia, sus raíces, sus hermosas calles y paisajes, su gente, su cultura, sus valores religiosos.

Un pueblo que sigue siendo visitado por los hijos de los hijos de los hijos de sus primeros habitantes quienes, los últimos de ellos, se encuentran lejos de aquí pero que año con año regresan siempre a este pedazo de tierra para respirar de nuevo identidad y pertenencia y nunca olvidar en donde fueron sus raíces.

Yo soy Hermila Villaseñor Ramos y esta es mi historia, esta es mi vida.

Atenguillo fue el pueblo que Dios eligió para que yo naciera.

Atenguillo es el nombre diminutivo de Atengo, que significa: "En la orilla del agua". Es un pueblito del estado de Jalisco ubicado a unas pocas horas de la ciudad capital, Guadalajara y que es camino obligado para recorrer año con año la peregrinación a nuestra Virgen de Talpa.

Atenguillo es un pueblo y municipio del estado de Jalisco, México. Se localiza en el oeste del estado, en la Región Sierra Occidental.

Su nombre significa "Lugar Rodeado de Agua", se puede captar a simple vista que el centro de la población está literalmente rodeado de varios arroyos y el río que lleva su mismo nombre.

Por el lado norte, el arroyo viene de una presa que está situada en las afueras de la población, cerca del barrio conocido como La Maroma. Por el lado Sur, el arroyo viene de un lugar en lo alto de un cerro y es conocido como "El Limón", es un conjunto de ojos de agua cristalina y filtrada por un sistema natural de piedras, de la cual es donde esta población se abastece de agua que es tratada y usada como potable. Ese mismo arroyo es aprovechado para regar en gran parte de agricultura que se encuentra a su paso. En cambio el Río Atenguillo atraviesa gran parte del municipio. Su desembocadura llega después de haberse unido a otros ríos hasta la bahía de Puerto Vallarta.

Vista aérea del templo de San Miguel Arcángel

Su escudo es de forma francesa, partido y cortado en su campo más alto.

En el cuartel diestro superior, se plasmaron las figuras de una mazorca y unas milpas de maíz que son el principal cultivo del municipio.

En el cuartel siniestro superior, se aprecia el paisaje de un bosque que representa la riqueza forestal de este territorio.

El cuartel de punta, retrata al centro histórico de la cabecera municipal, en primer plano se aprecia el kiosco y al fondo el templo dedicado a San Miguel, santo patrono del pueblo; ambos monumentos que fueron construidos en el siglo XIX.

Atenguillo es cuna de grandes hombres y mujeres de bien que nos hemos dedicado a sembrar en nuestros hijos y nietos el valor del amor a Dios, a nuestra madre santísima, a la honestidad, al respeto, pero sobre todo al amor a sus raíces, a su inicio, a su principio.

El aroma de pino, oyamel, roble, cedro y encino está todos los días presente en mi aire, en mi entorno, ha sido maravilloso haber nacido en este pueblo, Atenguillo.

Pues todo comienzo inicia con el patriarca de la familia, en mi caso nací en una familia feliz, recia, de trabajo y honorable.

Mi padre fue Ignacio Villaseñor Curiel, el nació en este bello y maravilloso lugar llamado Atenguillo.

Don Nacho, como después fue conocido, fue un hombre a quien yo respeté y admiré durante toda la vida, y no solamente yo lo respetaba y admiraba, también mucha gente del pueblo lo hacía.

Mi padre fue un hombre a quien le debo mucho de lo que soy.

Don Ignacio siempre quiso demostrar ser un hombre muy duro pero lo eterno de su gran nobleza lo hacía rendirse siempre ante su familia.

Su dureza (o intento de ella) duraba muy poco ante la mirada suplicante o nostálgica de sus hijos, de todos ellos. Don Nacho fue un hombre que siempre se dirigió con ejemplo y rectitud.

Hombre cabal, como los que ya existe mucho trabajo encontrar actualmente, él era como la mayoría de los hombres de su época, pero para mí y me imagino que también para mis hermanos y hermanas fue el padre que siempre quisimos tener.

El fue siempre un hombre trabajador y amante (sobre todo) de su familia.

Claro, pensarán que ¿quién habla o recuerda mal a sus padres?, pero es la verdad, mi padre fue un gran pilar de nuestra familia.

Nunca nos faltó nada, no tuvimos lujos ni grandes cosas pero lo que siempre tuvimos mis hermanos y yo fue una figura paterna respetable y muy respetuosa también, (ya les comentaré páginas más adelante de los trabajos que realizó y sus oficios).

Hablar de mi madre me llena de mucha emoción y alegría, yo pregunto ¿quién no quisiera tener a nuestra madre toda la vida acompañándonos en todos los caminos? ¿Quién no quisiera que las madres fueran eternas? lamentablemente eso no es posible pero me da un gusto enorme recordar que yo la disfruté muchísimo mientras estuvo a mi lado.

María del Refugio Ramos Robles, "Cuquita".

Mi Mamá

María del Refugio Ramos Robles, mi mamá, mi bella madre, ella era muy bonita, esa es de las primeras cosas que recuerdo.

Mi mamá nació en el Rancho de los Robles, una ranchería que se encuentra muy cerca al poblado de Atenguillo

Recuerdo sus pláticas en la cocina, mientras le ayudaba a preparar la comida para todos mis hermanos, ella me contaba siempre como fue feliz en el lugar donde nació y vivió su infancia, siempre que me platicaba sobre los robles yo veía en su mirada un brillo especial, notaba como disfrutaba recordarlo, me contaba de los marranos que tenía su padre, mi abuelo, y como jugaba siempre en aquel solar inmenso que tenía muchos árboles.

Mi Madre, mis hermanos y yo de pequeños

aquí también con mis hermanos

Yo con mi hermana Mary, mi hermana menor

Mi madre fue una mujer de mucho carácter, siempre atenta a sus hijos y a su marido, yo tengo muchos bellos y gratos recuerdos de ella.

Desde que nos dejó he extrañado su presencia, sus abrazos, sus consejos, sus enseñanzas, sus regaños.

Día a día la recuerdo con mucho cariño y veneración.

Yo espero que mis hijos me recuerden a mí con tanto cariño como yo la recuerdo a ella.

Los primeros recuerdos que tengo de mi padre son llegando a casa después de una larga jornada en el campo, él como casi la mayoría de los habitantes del pueblo era labrador, salía siempre a la faena del campo antes de que el sol saliera y regresaba a casa poco antes de que el sol se ocultara para dar paso a la noche y no en pocas ocasiones llegaba al hogar cuando yo ya estaba dormida, pero estoy segura que él siempre iba a vernos.

Mi Papá y mi Mamá

Me imagino que no le iba tan bien económicamente, la verdad yo no recuerdo que hubiéramos pasado ni hambre ni carencias, pero yo era muy pequeña como para darme cuenta de ello, quizá por eso nunca entendí el porqué pasaba largas temporadas fuera de casa. Después, ya un poco mayor supe que a donde él se iba al ausentarse era para los Estados Unidos, allá pasaba largas y largas temporadas, pero eso era lo normal en el pueblo, la mayoría de los papás de mis amigas también lo hacían.

A mis hermanos y a mí nos daba mucho gusto cuando regresaba de aquel lugar, era una verdadera fiesta cuando lo veíamos entrar después de mucho tiempo de nuevo a casa.

No recuerdo si llegaba con regalos o algo así, pero era lo de menos, el tenerlo cerca de nosotros de nuevo era mi mejor regalo.

No recuerdo muy bien cuando fue que se enseño el oficio de panadero pero recuerdo, eso sí y muy bien, que durante las temporadas que pasaba en el pueblo la casa todo el tiempo olía delicioso.

El aroma a pan recién hecho inundaba todo el lugar, mi papá preparaba, estoy segura de decirlo, el mejor pan de Atenguillo, vendía mucho.

Pero de todos modos, llegaban temporadas en que regresaba al país del norte a trabajar.

Cuando él se iba, yo me quedaba junto a mis otros siete hermanos y junto a mi madre a esperar su regreso.

Mi madre falleció a la edad de 90 años y mi padre a la edad de 82 años.

Yo fui la segunda hija del matrimonio Villaseñor Ramos, el mayor de mis hermanos, Carlos, murió a los 47 años de edad, murió muy joven y a todos nos dolió mucho su partida tan repentina, tan inesperada, sobre todo a mis padres.

Yo sentí una tristeza muy grande al perderlo.

Con mis hermanos Catarino y Cheto

Con Karlita con mi hermano Capistran y mi cuñada Nena

Mi hermano Carlos, como muchos más de los habitantes de Atenguillo, iban y venían de los Estados Unidos porque allá ganaban mucho más dinero que aquí.

En el pueblo pues no había mucho trabajo y como que la idea y la costumbre de todos los jóvenes que iban creciendo o se casaban era viajar para allá para conseguir un poco más de dinero para mantener a sus familias, como mi padre lo hacía.

Recuerdo tristemente que mi hermano Carlos regresó de uno de sus tantos viajes y lo notamos como enfermo de los nervios, ya no era el mismo, nunca supimos realmente que es lo que sucedió.

Poco tiempo después de regresar así, murió, y así es que yo quedé como la mayor de mis hermanas y hermanos.

Mi infancia.

Todas las etapas de la vida son bonitas y también todas y cada una de ellas representan enseñanza y crecimiento, pero sin duda alguna la mejor época de nuestras vidas es la niñez, nada nos preocupa, sólo es jugar y soñar.

Mi infancia fue muy bonita, yo la recuerdo con mucho cariño.

En esa etapa no me preocupaba nada, podía hacer lo que yo quisiera, jugaba en el solar junto a mis hermanos y nos divertíamos intensamente, claro que no faltaba siempre el pleito y los corajes pero eran cosas de niños. En aquel tiempo lo único que había en el pueblo para aprender era la escuela primaria.

Mi madre me despertaba siempre muy temprano para ir a las clases y quiero decirles que yo disfrutaba mucho estar en la escuela, aprender todos los días cosas nuevas para mi era fascinante.

La realidad llegaba al entrar a casa pues ni tardaba un poco en dejar mis cuadernos y lápices cuando ya mi madre me estaba esperando para ayudarla en los quehaceres, y no solamente yo, también a mis demás hermanos nos traía en ojos.

Eso era lo más normal pero yo por ser la mayor de mis hermanas era quien más ayudaba y pues así se usaba en aquel tiempo, nunca me quejé, pero si era muy cansado y terminaba siempre con muchas ganas de bañarme y dormir.

No es mentira, yo siempre fui muy buena para el estudio, no me acuerdo si era la mejor de la clase pero si era una de las mejores.

Mi maestra siempre me felicitaba por ser tan aplicada en las clases y en cumplir con todas las tareas que nos dejaba. Se me olvidaba comentar que después de ayudarle a mi mamá tenía que terminar la tarea de la escuela.

Ahora entiendo que aquellos eran otros tiempos, muy diferentes a los que hoy se viven pues cuando yo terminé el quinto año mi madre no quería que terminara el sexto porque el trabajo en casa era mucho y ella quería que yo le ayudara más a cuidar a mis hermanos menores y atenderlos, lavar trastes, ropa y cocinar, pero de verdad que para mí era algo que veía normal, así eran esos tiempos. Muchas amigas que tenía en la escuela dejaron de estudiar cuando terminaron el quinto año.

Yo no estaba de acuerdo en lo que mi madre quería y un día llegué llorando a la escuela y le supliqué a mi maestra que hablara con ella para pedirle me dejara continuar con mis estudios.

Pero mi ilusión no solamente era terminar la primaria sino continuar estudiando porque mi más grande sueño era llegar a convertirme en maestra porque pensaba que solo así podría salir adelante y ser alguien importante en la vida.

Yo no quería quedarme estancada como las demás amigas de mi edad que obedecían a sus padres y dejaban la escuela para atender a sus hermanas o hermanos más pequeños. Yo sentía que si hacia eso nunca podría llegar a ser feliz.

Me daba tristeza y coraje el sólo pensar que dejaría mis estudios, yo estaba segura que no estaba sólo para cuidar hermanos, yo estaba segura que era más que eso.

Quiero decirles que yo siempre fui de mucho valor y carácter y fue por eso mismo que le pedí a mi maestra hablar con mi madre, quien, como ya les comenté, no era una mujer fácil, era una mujer muy recia, muy terca, pero a la vez, mi madre siempre fue una mujer que sabia escuchar y quiero pensar que supo entender lo que yo más anhelaba, que era seguir estudiando para poder llegar a ser maestra.

Cuando yo le decía a mi madre que quería ser maestra ella no me decía nada, se quedaba callada pero estoy segura que en el fondo le daba mucha alegría escuchar que me entercaba en seguir estudiando.

No supe nunca si mi maestra habló con ella o no, nunca se lo pregunté, no sé si fue mi forma de hablar con ella cuando le dije que quería ser maestra y que quería seguir estudiando o si mi maestra habló con ella y la convenció.

Si mi maestra lo hizo nunca supe que le dijo o de que platicaron pero lo importante fue que mi madre me permitió seguir estudiando.

El amor de mi vida

Este capítulo del libro me imagino que es el que va a ser el más leído, sobre todo por mis hijos, ya que contaré como fue que me enamoré de mi esposo y posteriormente el que fue padre de mis hijos y mi compañero de toda la vida.

El mejor acompañante de la juventud es el amor, es la ilusión de estar con alguien que te hace sentir bien, que cuando lo ves sientes que tu corazón se acelera y no sabes por qué.

Yo tenía una amiga de juventud que se llama Luz Ramos, ella había conocido a un muchacho que trabajaba en correos y que le gustaba mucho y al parecer, también a él le gustaba mucho mi amiga, ella me contaba mucho de él y yo como su amiga me emocionaba lo que estaba viviendo.

Aunque el muchacho del que mi amiga me platicaba nunca lo vi cerca de ella ni platicar ni acercársele yo pensaba que era un amor a primera vista y que muy pronto serían novios. Yo disfrutaba mucho escuchar la plática de mi amiga Luz.

Nunca me habría imaginado que el destino jugaría su partida.

Recuerdo perfectamente que en el tradicional desfile del pueblo, el señor cura nos pidió vestirnos de enfermeras a mi amiga y a mí para participar en él.

Y una vez disfrazadas, mi amiga y yo hacíamos el recorrido cuando de pronto, de manera incesante, sentí sobre mí la mirada de un joven que se me quedaba viendo más a mí que a mi amiga, de momento no reconocí quien era aquel joven que se me quedaba viendo.

Recuerdo que contra mi voluntad y solamente por curiosidad volteé mi cara para ver quién era aquel muchacho y grande fue mi sorpresa al darme cuenta que se trataba del mismo joven que pretendía a mi amiga Luz, yo en ese momento la verdad no hice caso a sus miradas porque pensaba que mi amiga, era la que debía hacerle caso.

Mi amiga Luz nunca se dio cuenta de aquel suceso y yo obviamente nunca se lo comenté pero no pasaba un día en que no pensara en ese momento.

Habrían pasado algunas semanas después de ese hecho y tras varios encuentros dizque ocasionales por parte de él, llegó una tarde y sin más vergüenza me habló para novia, yo me quedé quieta, pero la verdad me había gustado desde ese día y sin pensar en nada más le dije que sí.

Heriberto era un joven muy apuesto, muy varonil, muy serio y respetuoso y sobre todo muy tímido.

Heriberto mi esposo de joven

Mi amiga Luz no se enojó, seguimos siendo amigas hasta el día de hoy y reímos mucho cuando nos acordamos de aquél tiempo.

Nuestro noviazgo duró casi dos años, era un noviazgo muy inocente, muy decente, muy respetuoso. Mi madre y mi padre siempre lo aceptaron porque él era muy serio y muy educado. Antes, en nuestros tiempos, un noviazgo era muy corto y luego luego se casaba la gente, pero el nuestro duró dos años y ya la gente metiche del pueblo empezaba a decirme a mí y a mis padres que ya era mucho tiempo y que por qué no nos casábamos.

Pero lo que no sabían era que no nos casábamos porque mi novio ¡no se animaba a pedir mi mano!, no se animaba a pedirme, no se animaba a casarse.

Como que se acostumbró y se hizo "medio flojito" y no se animaba, siempre que tocábamos el tema decía "no pos que sí, que la próxima semana ya vamos a pedirte" y pues seguían pasando las semana y nada que se animaba y yo pues esperando a que lo hiciera. La verdad yo sabía que lo iba a hacer en algún momento porque me quería mucho y yo a él.

Sus hermanas y hermanos si me querían como cuñada pero él pues nada más no se animaba, siempre ponía pretextos para no casarse ni pedirme decía, "es que mi mamá no está ahorita, está en México y pues tengo que esperarla" o cosas así, siempre como se rehusaba, yo le decía "ay sí, tienes treinta años y tienes que esperarla para decirle que quieres casarte, ¿Vas a pedir permiso?" Yo le decía. Hasta que un día sus hermanos lo enfrentaron molestos y le dijeron, "no, no, no, vamos a ir de una vez a pedir su mano". Y así fue. Mi padre, el día que fueron a pedirme les exigió un año de plazo para casarnos. Me imagino que mi novio respiro aliviado, la verdad a mi no me urgía casarme, pero me molestaba mucho que las demás personas dijeran cosas tontas por los años que llevábamos de novios.

Pues bueno, pasó ese año y seguimos noviando y preparando los preparativos de la boda.

El día de mi boda

El día de nuestra boda, la misa fue a las 8 de la mañana, saliendo de ella fui con mi madre a pedirle su bendición y ya regresamos a la cuadra de enseguida del templo en donde vivían mis suegros y ahí nos hicieron un desayuno en donde había música y después de un rato la gente se quedó en el festejo y nosotros nos fuimos que dizque de luna de miel, a mi esposo le dieron vacaciones en su trabajo, seguía trabajando en correos.

Luna de Miel

La luna de miel que tuvimos fue muy especial.

Mi ahora esposo y yo tomamos un camión a Guadalajara, la intención era llegar ahí para dirigirnos a la ciudad de México.

Era dos de febrero y tomamos el pasaje de Talpa, los camiones iban llenos, era la peregrinación del día de la candelaria y no había lugares y llegando a volcanes me dijo mi esposo "pues aquí nos vamos a quedar" y yo le respondí muy enojada, "No, yo aquí no me quedo, y no me quedo y no me quedo", mi esposo al ver mi decisión y me imagino se asustó al ver mi cara con coraje dijo "pues entonces vamos a esperar un camión para seguir" y si, en menos de una hora llegó un camión el cual también iba lleno de gente y nos dijo el chofer, "pues si se quieren ir en el pasillo si los llevo" no lo pensé dos veces y dije "pues nos vamos".

Nos subimos y nos sentamos, me acuerdo muy bien, en una caja de jitomates que llevaban una pareja de campesinos y que nos permitieron sentarnos en ellas, quedamos sentados espalda con espalda, íbamos risa y risa y así, después de varias horas llegamos a Guadalajara, ahí nos quedamos unos días y de ahí nos fuimos a la ciudad de México, total que hicimos quince días en el transcurso de nuestro viaje de luna de miel.

En México llegamos con un hermano de mi esposo donde nos recibieron muy bien y unos días después nos fuimos para Acapulco.

Ese hermano de mi esposo se llamaba Miguel López Dueñas (Miguelito) con quien estoy muy agradecida porque siempre recibió a mis hijos en su casa cuando se iban a estudiar a la capital y siempre, todo el tiempo los trató muy bien y los atendió como si fueran sus propios hijos, ellos, igual que mi esposo y yo, siempre le estaremos agradecidos.

Son recuerdos que siempre llevaré en mi corazón, me imagino que él también siempre lo recordó con mucho cariño.

Acompañada de mi cuñado Miguel y de mi hijo Gerardo en un viaje a Melaque, Jalisco

Bailando con mi esposo Heriberto

Algunas fotos de nuestra "Bodas de Oro" con mis hijos, nueras, yernos y nietos.

Después de disfrutar de nuestra luna de miel llegamos a la realidad de nuestras vidas, él a trabajar y yo a dedicarme al hogar.

Yo seguí teniendo las mismas amigas que después de que regrese de mi luna de miel se reunían en mi casa para enseñarles costura, algunas llevaban sus máquinas y otras más solo bordaban.

Pero eso terminó en muy poco tiempo pues a los 10 meses llegó a la casa nuestro primer hijo, que le pusimos por nombre, Oscar.

Oscar, el mayor de mis hijos

Mi esposo y yo lo esperamos con mucho cariño, Oscar fue el primero de ocho hijos, tuve diez partos pero dos de ellos no se lograron quedando así ocho hijos, pero el primero, Oscar, Dios me lo quitó, se lo llevó a los 33 años.

Mi hijo Oscar estudio aquí en Atenguillo la primaria y la secundaria y después, como no había preparatoria en el pueblo y nosotros queríamos que estudiara lo mandamos a México porque ahí estaban mis hermanos y también los hermanos de mi esposo.

Oscar terminó la prepa y estudió para medicina y se recibió de médico cirujano en la UNAM. Desgraciadamente tuvo un accidente automovilístico y quedó, a partir de ahí, mal del corazón.

Según me comentaron, a mi hijo lo levantaron del accidente como muerto, creyeron que había fallecido y aunque se salvó de ese accidente los doctores me dijeron que había quedado muy mal.

El accidente sucedió en la avenida Tlalpan, rumbo a Taxqueña.

Mi hijo andaba en la política, esa política que les ha gustado tanto a mis hijos y tan mal que les ha pagado.

Según me contaron, a mi hijo, uno del sindicato lo quiso rebasar y él al no dejarse brincó el carril de Taxqueña y ahí fue donde tuvo el accidente.

Mi hijo era muy inteligente y como estudiante de medicina sabía lo que le había pasado y sabía también que no iba a vivir mucho tiempo porque le quitaron el pericardio.

Oscar tenía una novia muy bonita, Luci Robles, me imagino que ella también sufrió mucho ese lamentable suceso que vino a cambiarnos la vida a todos, pienso que los dos sabían que no podían casarse aunque se amaban mucho, porque sabían que si se casaban y tenía hijos, mi hijo Oscar los iba a dejar muy pronto y por ese motivo nunca se casaron. Hoy en día cuando yo o mis hijos vemos a Luci, nos vemos con mucho cariño.

El doctor que lo atendió, días después de sacar a mi hijo de la gravedad de sus lesiones pidió hablar conmigo en privado, yo sentí en ese momento que mis piernas se quebraban como palo seco, sabía que no podrían ser buenas noticias y así fue.

El doctor me dijo que Oscar había quedado muy dañado y que con mucha suerte el pronóstico de vida de mi hijo sería cuando mucho de cinco años, al escuchar las palabras tan crudas del doctor sentí que mi vida se caía en pedazos, no atiné a articular palabra alguna, me quede en total conmoción y hasta este momento no recuerdo que pasó durante los siguientes minutos, solo sé que parte de mi empezaba a morir.

Mi hijo Oscar ya se había recibido de médico en la UNAM cuando tuvo ese accidente.

Después de sentirse un poco recuperado del accidente, Oscar se quiso venir en unas vacaciones, como que se sentía cansado.

En ese tiempo, Dora mi hija y su esposo Eduardo, lo invitaron a conocer el asilo de Mascota para ofrecer sus servicios como médico en ese lugar. Entró de inmediato al asilo a prestar sus servicios como doctor. Desde ese momento, inició un cariño muy grande de las monjitas que atendían el asilo y de la población en general hacia mi hijo Oscar y de él hacia ellos. Mi hijo atendía con mucho cariño y dedicación a todos los que se presentaban a consulta, pero lamentablemente después de un tiempo empezó a ponerse mal y mal, cada día se ponía más malito hasta que llegó el momento que tuvimos que tuvo que dejar el asilo para internarlo en el hospital Santa María Chapalita de la ciudad de Guadalajara donde después de permanecer tres días grave, falleció.

Aunque yo sabía que mi hijo me iba a durar muy poco después del accidente, al saber que se me había ido sentí un dolor inconfesable, pero saqué muchas fuerzas, ¿de dónde? No sé, pero aún con el corazón desecho me armé de valor y me lo traje al pueblo, no lo van a creer, abrazado en una cobija para no hacer papeleo y darle pronto cristiana sepultura. Me lo traje en carro acompañada de Ángel, otro de mis hijos. ¿Se imaginan el dolor tan grande que sentí durante todo el camino?

Durante todo el trayecto abracé a mi hijo con el amor que solo una madre puede hacerlo, pero también lo hice con gratitud hacia nuestro señor Jesucristo y a nuestra santa virgen María por haberme permitido tener a Oscar como hijo, nadie sabe porqué pasan las cosas pero tenemos que tener resignación y entender que los hijos solamente son prestados.

Su muerte fue para mí un fuerte golpe y un dolor que no he podido superar hasta hoy. Mis hijos suponen o piensan que ya lo he superado, pero la muerte de un hijo nunca se puede superar, nunca deja de doler, nunca deja de estar presente en el corazón de una madre.

No existe un día de mi vida que no recuerde a mi hijo Óscar.

Lourdes

Yo, como no pude ser maestra, como así lo hubiera querido, les inculqué a mis hijas esa idea, esa mentalidad, de convertirse en maestras.

Lourdes, la mayor de mis hijas

Mi hija Lourdes y su esposo

Aquí en esta foto, mi hija Lourdes con su esposo,
sus hijos y sus nietos

Lourdes, fue maestra, se graduó en la escuela normal y ejerció durante algunos años para después ya dedicarse a su familia.

Berenice.

Mi hija Berenice también es maestra como Lourdes, estudio igual que mi hija mayor en la escuela normal de Jalisco, está casada con José Luis y desde hace muchos años vive en Autlán.

Mi hija Berenice en medio de la fotografía y a sus lados mis otras hijas, Dora y Lourdes

Ángel.

Mi hijo Ángel llegado el momento también se fue a la ciudad de México a estudiar. El sueño de Ángel era ser petroquímico, pero se alocó a casarse y no hizo su servicio y dejó la carrera.

Mi hijo Ángel con su familia

A él le gustó mucho la política, siempre andaba en reuniones de partidos políticos, yo la verdad nunca he entendido ese tema y aunque no me gusta pues tenía que respetar las decisiones de mis hijos, de lo que querían ser, aunque muchas veces yo les intentaba dar consejos y opiniones ellos siempre tomaron sus propias decisiones.

Hasta hoy mi hijo ha sido en dos ocasiones Presidente municipal de Atenguillo, la tercera ocasión fue candidato y perdió por (creo) 40 votos de diferencia pero la gente lo quiere y yo estoy segura que cuando fue presidente municipal, siempre fue honesto y muy trabajador.

Ángel y mi esposo Heriberto

Al momento de escribir este libro, él ejerce como Director de la preparatoria de Atenguillo de la Universidad de Guadalajara.

Dora.

Mi hija Dora y algunas sobrinas de México

Mi hija Dora a la izquierda

Dora es la más tranquila de mis hijos, vive en la población de Mascota y está casada con Eduardo

Figueroa. Ellos se dedican al comercio y tienen una ferretería, gracias a Dios siempre les ha ido muy bien.

Dos de mis hijos, Dora y Gerardo

Yo, Lourdes, Dora, Gerardo y algunos sobrinos queridos de la Ciudad de México

Gerardo

Mi hijo Gerardo y yo

Mi hijo Gerardo, como todos sus demás hermanos mayores decidió estudiar y lo hacía muy bien, era uno de los que sacaba las mejores calificaciones de su escuela.

Gerardo trabajaba también en el telégrafo (Telecomm) mientras estudiaba su carrera de administración de empresas. También a él, como a su hermano Ángel le gustó la política.

Siempre fue muy serio y muy cumplido con sus compromisos, al igual que sus demás hermanos, no le gustaban las injusticias.

Siempre le ha ido bien y el también tiene una muy bonita familia.

Últimamente se ha metido a trabajar en el gobierno.

Mi hijo Gerardo y mi nieto

Gerardo y yo muy acurrucadita

Edgar

En esta foto está mi hijo Edgar con mi hermano el menor, Capistran, mi cuñada Nena y Yuya

Edgar también trabajó en Telecomm (antes Telégrafos) y renunció, no duró mucho. Estudió comercio internacional. El no es político, él trabaja ahorita poniendo alarmas, fue a tomar cursos en los Estados Unidos y al país de Argentina donde recibió mucha experiencia para desarrollar su trabajo.

Mis hijos Edgar, Ángel, Berenice, Sergio y Gerardo

Sergio

Ya había prepa aquí en Atenguillo, fue el primer año que hubo prepa aquí, la hizo pero no le gustó tanto estudiar, yo le decía que estudiara medicina, "mira hijo ya se fue tu hermano Óscar"

Intentó entrar a la facultad de medicina pero no salió en listas y no quiso ingresar a una universidad particular, él decía que por falta de recursos.

Mi hijo Sergio con su familia

Él decidió irse a trabajar a Estados Unidos, él me decía, "no madre, quiero conocer allá, luego me vengo".

Y yo con tristeza de madre le decía "hijo te vas a ir y ya no te voy a volver a ver" y así fue, duró como 12 años allá sin poder venir porque no tenía papeles

Ya ahora pues ya tiene sus documentos oficiales americanos viene todos los años a pasar navidad con nosotros y también viene su familia.

Se casó allá y tiene tres hijos, pero le gustó más estar allá.

Mi hijo Sergio y mis nietos

Recuerdos como mamá

Yo como mamá era muy alcahueta, yo siempre estaba muy ocupada y los dejaba con juguetes los dejaba seguros de que no les pasara nada porque yo hacía dulces después de dejar la costura y también hacia duros de esos largos de harina con agua y en un cazo grande los cocía y luego los extendía en unas hojas y después los subía a la azotea para que se asolearan para que se secaran y después freírlos. Apenas empezaban a venderse esos duros, puedo decir que yo fui una de las primeras personas que los hacía.

Después de freírlos mis hijos se iban a la plaza a venderlos.

Mis hijas e hijos

Cuando había gallos mis hijos iban a venderlos y vendían muchísimo.

Otra foto de mis hijos, así quiero verlos, siempre unidos

Y yo mandaba a mis hijos e iban y venían una y otra vez cuando había gallos vendían muchísimo y ellos felices, porque les daba un poco de dinerito de las ganancias.

También curtía calabaza, las pelaba y luego las ponía en agua de cal y las cocía. Una vez listas en compañía de alguno de mis hijos íbamos a entregarlas en las tiendas.

Con mi esposo Heriberto y algunos nietos

Siempre me fue bien, bendito Dios que me dio fuerza porque el sueldo de mi esposo no era suficiente y aún así él ahorró para comprar esta casa en donde hasta la fecha sigo viviendo.

Vivimos durante seis años en una casa cerquita de aquí en donde rentábamos pagando 30 pesos al mes.

Esa casa era de una sobrina de mi esposo Heriberto y nos la dejaba barata por ser familia, quiero aclarar que quien pagaba la renta era mi suegra porque él quería llevarme con su mamá a que viviera con ella yo estaba chiquilla me imagino que mi esposo quería llevarme a vivir con su mamá para aprender a cocinar, pero la mamá de Heriberto no quiso y fue clara al decirle, "No mi hijito, las juntas ni de arroyos, el que se casa, casa quiere"

Cuando llegamos de luna de miel mi suegra ya tenía esa casa equipada, con muebles y todo, cristalero con loza y todo lo que una casa necesita.

Esta casa, cuando la compramos era más angosta, tenía paredilla y poco a poco la fue arreglando mi esposo.

Cuando nos venimos a vivir a esta casa ya tenía mis tres primeros hijos, Ángel tenía seis meses cuando me lo traje.

Esta casa era de una viejita muy querida por todo el pueblo, ella daba clases.

Cuando murió la donó al seminario y el señor cura se la vendió a mi esposo en 13 mil pesos.

Poco a poco fuimos creciendo la casita y fincamos unos cuartitos más.

Y no solamente crié a mis ocho hijos, porque con mucho gusto y cariño me traje a vivir a 5 niños más (que eran mis primos) cuando sus padres, mi tía Juanita y mi tío Ramón, dejándolos huérfanos,

Ellos son Ramona, Salvador, Velia Estela, Lupita trece o catorce años estuvieron conmigo, siempre los traté como si fueran mis propios hijos y los quise mucho a los cinco. ¿Se imaginan un día normal?

Con mis primas Ramona Ramos Soto, Velia Ramos Soto y mi hijo Gerardo

Un día normal era una gritería y no me desesperaba pero mi esposo era el que tenía poca tolerancia al gorullo y casi salía corriendo a su trabajo para alejarse de aquél polvorín.

En cuanto mi esposo se iba, las amiguitas y amiguitos de mis hijos y de las otras cinco niñas se venían a jugar a la casa porque a mí no me gustaba que se fueran a jugar a otro lado, mejor prefería que vinieran aquí, casi todo el tiempo que jugaban lo hacían en el corral.

Uno de sus juegos favoritos, recuerdo, era cuando se sentían mariacheros y se ponían a cantar y a tocar según ellos.

Fueron momentos muy bonitos y yo de verdad disfrutaba verlos tan contentos, no me desesperaba.

A la hora de la comida mientras no tuve a los muchachitos mi esposo llegaba del correo y ya tenía la comida lista, él salía a la una, se acostaba un rato a dormir y a las 2:30 en punto teníamos que estar sentados para comer todos, éramos 10 y ya cuando llegaron las niñas de mis tíos éramos 15 sentados en la mesa, ¿se imaginan la escena? Poco a poco, los más grandecitos se fueron yendo a México y ya íbamos quedando menos en la mesa.

Mi esposo Heriberto me daba 5 pesos diarios, de aquellos pesos, para que yo hiciera de comer y pues la verdad no nos alcanzaba para todo el gasto que teníamos con tantas bocas, por eso yo hacía gelatinas y hacía esto y hacía lo otro para completar, lo que me hacía falta yo lo sacaba y compraba carne y lo que hacía falta.

Heriberto era muy serio a la hora de sentarse a la mesa y no dejaba que hubiera barullo mientras se comía, era muy enérgico.

Quien diga que el matrimonio es muy fácil y quien diga que el matrimonio es miel sobre hojuelas miente con todos los dientes, el matrimonio es duro, es pesado pero uno tiene que poner mucho de su parte para dar un buen ejemplo a los hijos. Yo no digo que fui la mejor esposa o que Heriberto fue el mejor esposo, pero si estoy segura que los dos pusimos todo de nuestra parte para hacer un matrimonio bueno, intentamos siempre dar un buen ejemplo a nuestros hijos tanto él como yo. Heriberto fue un hombre muy recto, muy honesto, fue poco cariñoso pero así eran aquellos tiempos, el amor siempre lo demostró con hechos. Yo me casé con la mentalidad de que sería para siempre y así fue.

Uno le halla la medida siempre al marido, ellos piensan que mandan pero la realidad es que somos nosotras las esposas quienes lo hacemos, cuando teníamos problemas, a veces me corría de la casa, me decía que me fuera, y eso pasó durante mucho tiempo mientras estaban las hijas de mis tíos. Me decía que me fuera a la casa de ellas, yo nada más lo escuchaba, ya sabía que en poco tiempo se le pasaba el enojo y tengo que decirlo también, muchas veces lo ignoraba, él pensaba que le estaba poniendo atención y que estaba como preocupada pero estaba pensando en que iba a hacer para comer mientras él seguía hablando y gritando.

Yo nunca dejé mi casa. Mi esposo Heriberto ya no quería salir de la casa a ningún lado y un mes y medio antes de que Dios nuestro Señor lo llamara fuimos a comer a un restaurant de Autlán. Él, mis hijos, nietos y yo. Al principio no quería ir, pero mis hijos lograron convencerlo, esa fue la última vez que salió.

Estas fotografías fueron de ese día que todos recordamos con mucho cariño.

Mi esposo Heriberto

Autlán, Jalisco

Autlán, Jalisco

Autlán, Jalisco

Este momento fue muy especial para mí ya que tuve a mi esposo y a mis hijos reunidos antes de que nos dejara.

El momento más triste de mi vida

El momento más triste de mi vida fue cuando perdí a mi hijo, sentí mucha tristeza, mucha desolación y pues no, no puedo explicar pero fue el dolor más grande que he sentido hasta ahorita en mi vida y espero que Dios nuestro Señor me permita morir sin ver que otro hijo se me va.
Oscar me chiqueaba mucho, era muy cariñoso conmigo.

Dios me dio unos hijos muy nobles, vivo agradecida con él.

A mi esposo no lo noté yo que le hiciera mucha falta su hijo, pero me imagino que su dolor nunca lo sacó, se lo guardó completito.

Nunca demostró tristeza ante los demás, no sé si sería que así era.

Yo estuve ocho meses con mi hijo en México, cuando estuvo grave y mi esposo aquí se quedó para que los muchachos no se quedaran solos y ya tenía yo aquí a las muchachas también y fue dos o tres veces a verlo pero yo no lo desamparé ni un momento, hasta las enfermeras me decían que nomás este hijo tiene y yo les decía tengo más pero allá están con su papá.

Hace ya 32 años de la muerte de Oscar y aún lo sigo extrañando. Fue un camino muy largo, Dios me dio mucha fortaleza.

Recuerdo que cuando íbamos llegando al pueblo, con mi hijo en brazos, nos encontramos al carpintero que hacía los ataúdes, le pedí a mi hijo que nos detuviéramos y le dije al carpintero "me llevas un ataúd de los mejores allá a la casa" Tuve mucha fuerza y valor y hasta ahorita no sé de donde la saqué.

Heriberto lo que hizo fue encerrarse y no salió, me imagino todo el dolor que estaba sintiendo.

Sus hermanos estaban chicos, no hicieron mucho, como no estaba aquí, entonces ya estaban acostumbrados a que no estuviera.

Herencia

Estoy segura que todavía voy a durar muchos años, los que Dios me siga regalando pero quiero aprovechar para decirles a mis hijos que cuando yo falte no quiero que existan dificultades entre ustedes, quiero que sigan siendo buenos hermanos y que se ayuden unos a otros.

Yo no tengo mucho que dejarles de herencia, pero lo poco que les deje quiero que se la repartan por partes iguales o lo que decidan hacer lo hagan con amor de hermanos.

Yo les digo si un metro les toca hijos, ese metro para cada quien, si ya uno no quiere y quiere vender se lo pagas, le pagas su metro y queda para ti como buenos hermanos.

A mis hijos y a mis nietos les pido que sean buenos en la vida, que se porten bien, que trabajen y más que nada que tengan mucho acercamiento a Dios Nuestro Señor para que los ayude en todo, porque yo bendito sea Dios que no he sentido soledad, me dicen "estás sola", les digo no, no estoy sola porque Diosito está conmigo y no que en la noche que sabe que, no me da miedo, no me da miedo nada.

Sigan visitándome hijos, eso me da fuerzas, me alegra verlos llegar a mi casa con sus familias.

A mis nietos les digo que se esfuercen por alcanzar sus sueños y que nada los detenga, ni siquiera sus padres.

Siéntanse orgullosos de ustedes mismos y nunca desistan.

Sean derechos, honestos, no engañen a nadie y digan las cosas como son.

Estudien, trabajen mucho y desquiten lo que ganan.

No hagan el mal a nadie y en la medida de lo posible ayuden a los demás que lo necesiten.

Quieran mucho a sus padres y respétenlos, los padres no somos perfectos, pero somos padres y esa es una razón suficiente para que no nos juzguen, algún día ustedes también serán padres y lo entenderán.

Cada que salgan de casa pidan la bendición y pídanle a Dios que los acompañe.

Que Dios nuestro Señor me los bendiga siempre y los acompañe durante toda su vida.

Otras fotografías de la familia.

Con todo mi cariño
Hermila Villaseñor Ramos

AUTORIZACIÓN DE PUBLICACIÓN

ISBN: 9781095989104

Derechos Reservados Hermila Villaseñor Ramos

Guadalajara Jalisco México Año 2019

Corrección y Edición: Fernando Osorno

Jalisco México Mayo del 20019

Se imprimió en Amazon Estados Unidos

Made in the USA
Lexington, KY
19 September 2019